VIE

DE

SAINT THIBAUD

de Champagne,

suivie d'une

NOTICE

SUR LA

CONFRÉRIE ÉRIGÉE EN SON HONNEUR

en l'église de

PRAUTHOY.

VIE

DE

SAINT THIBAUD

de Champagne,

suivie d'une

NOTICE

SUR LA

CONFRÉRIE ÉRIGÉE EN SON HONNEUR

en l'Eglise de

PRAUTHOY.

IMP. ET LITH. DEJUSSIEU, A LANGRES.

VIE

DE

SAINT THIBAUD

DE CHAMPAGNE.

I

La voie des souffrances et des humiliations est le plus sûr chemin pour arriver à la gloire du ciel. Notre-Seigneur Jésus-Christ l'a suivi ; or, le disciple n'est pas au-dessus du maître ; le chrétien doit donc aussi y marcher résolument afin d'avoir part à la gloire du Sauveur dont il aura imité et partagé les douleurs. Mais il faut bien avouer que les personnes riches, nobles et puissantes trouvent dans leur condition même une difficulté, un obstacle à la pratique de la mortification ; aussi lorsqu'il leur arrive de montrer du mépris pour leur élévation, elles n'en sont que plus dignes des récompenses de Dieu et de l'admiration des hommes.

La Providence nous a donné en la personne de saint Thibaud (*) un de ces rares exemples. Ce saint naquit en 1017, à Provins, une des villes les plus considérables de la Brie. C'est aujourd'hui le chef-lieu d'une sous-préfecture du département de Seine-et-Marne. Cette ville, déjà populeuse à cette époque, appartenait à la noble famille des Comtes de Champagne qui y avaient construit un château-fort dont il ne reste que des ruines. Le chef de cette famille était alors Thibaud III, fils du fameux Eudes II Comte de Champagne.

Le père de notre saint s'appelait Arnoulphe et sa mère Guillemette. L'un et l'autre étaient d'une illustre famille et alliés aux

---

(*) Le nom de notre saint (en latin *Theobaldus*) s'écrit en français de plusieurs manières : *Théobald, Thiébaut, Thibault, Thibaud*, etc. — On pourrait faire la même observation sur les noms des divers personnages cités dans cette notice ; nous adopterons de préférence l'orthographe la plus facile pour la prononciation.

plus grandes maisons du royaume. Arnoulphe était le proche parent du Comte Thibaud de Champagne, qui voulut bien être
au baptême le parrain du jeune Thibaud.
Guillemette était la petite-nièce de saint Thibaud, archevêque de Vienne en Dauphiné. Ce
pieux prélat avait prédit à la mère de Guillemette qu'elle aurait une fille dont le fils serait grand devant Dieu et devant les hommes et surpasserait tous ses ancêtres en vertu et en mérite.

Ayant reçu de ses parents des gouverneurs
et des maîtres d'une grande sagesse et d'une
rare probité, Thibaud répondit parfaitement
à leurs soins. On ne vit jamais rien de pué-
ril dans ses mœurs, ni de léger et d'enfantin
dans sa conduite. Comme la plupart des gentilshommes de son temps, il n'apprit point à
lire et à écrire, ses maîtres lui faisaient leurs
leçons de vive voix. Il s'appliqua particulièrement à graver dans son cœur les choses de la
piété et de la dévotion. A cause du rang que
par sa naissance il était appelé à occuper

dans le monde, on l'envoya à l'Académie où il apprit à monter à cheval, à faire des armes et à dessiner des fortifications. Mais au milieu de ces occupations toutes militaires et guerrières, il sut conserver son innocence et demeura aussi détaché des intérêts de la terre que s'il eût vécu dans un désert. La guerre qu'il méditait dans son cœur devait être dirigée contre ses passions; l'ennemi qu'il voulait combattre, c'était le démon; et chaque jour il s'exerçait à manier les armes spirituelles que saint Paul appelle le bouclier de la foi, le glaive de l'esprit et le casque du salut.

Ses précepteurs lui avaient raconté les principaux événements de l'Ancien et du Nouveau Testament; ils lui avaient fait connaître la vie des illustres personnages qui ont été la gloire des premiers siècles de l'Église. Le jeune Thibaud aimait surtout à se faire redire la vie angélique des prophètes Élie et Élisée sur le Mont Carmel, celle de saint Jean-Baptiste sur les bords du Jourdain, les vertus et les austérités des Paul, des Antoine et de tant d'autres solitaires des déserts de l'Egypte et de la Thébaïde. Le silence et la prière avaient pour lui des attraits qui lui faisaient mépriser les grandeurs et les plaisirs du monde. Aussi loin de suivre les désordres ordinaires à la jeunesse, il ne s'appliquait qu'à se remplir de la connaissance et de l'amour des préceptes divins ; il se sentait porté à la vie cachée et pénitente des Ermites. Les joies bruyantes du monde et les délices même de la cour où il vivait alors, lui paraissaient insipides. Il forma donc le projet d'embrasser la vie érémitique. Mais comme il était déjà doué d'une grande prudence, il voulut auparavant consulter quelque personnage versé dans les choses de Dieu. C'est ainsi que doit agir tout homme qui veut ne pas se tromper dans la grande affaire de sa vocation. Dieu, sans doute, parle au cœur de celui qu'il appelle à lui ; mais, comme le remarque Cassien, le Seigneur n'enseigne la voie de la perfection à aucun de ceux qui, pouvant se faire instruire, méprisent et dédaignent la doctrine et les règles des anciens. Jésus Christ apparaissant en personne à Saul sur le chemin de Damas ne voulut pas l'instruire par lui même, mais l'envoya a Ananie pour apprendre de lui ce qu'il devait faire. Il ne faut pas s'en tenir à ses propres lumières, c'est le conseil de tous les saints. « Usez de la plus grande vigilance et d'une extrême circonspection, dit saint Basile, pour trouver un homme, un guide sûr qui vous conduise et qui sache indiquer la route droite à ceux qui veulent s'acheminer vers Dieu. » — « Je suis d'avis, dit saint Jérôme, que vous ayez société avec les saints et que vous ne marchiez point sur vos propres lumières et sans le conseil d'un maître, dans la crainte que bientôt vous n'alliez vous exposer à faire fausse route. » — « Un homme sans maître qui le dirige, dit saint Augustin, est comme un aveugle sans guide »

Notre jeune saint était loin de penser que seul il pût se suffire à lui-même et trouver sa vocation. Il alla demander les prières et les

bons conseils d'un saint ermite qui s'était retiré dans une île de la Seine. On dit que ce
pieux solitaire, nommé Bouchard, avait été
l'un des premiers maîtres de Thibaud. Ce
souvenir dut être pour beaucoup dans le choix
du confident et du dépositaire de ses plus in-
times désirs. Bouchard retint Thibaud dans
son ermitage pendant plusieurs jours, afin
de pouvoir étudier et éprouver cette vocation
extraordinaire. Il le fit se livrer, pendant ce
temps, à la prière, aux jeûnes et aux mortifications. Thibaud fut invité par ce saint
ermite à méditer pendant des heures entiè-
res les bras étendus en croix, à porter un ru-
de cilice et à pratiquer d'autres pénitences encore plus pénibles. Le jeune homme malgré
la délicatesse de son éducation soutint vail-
lamment ces épreuves et se montra disposé
à faire une guerre continuelle à toutes les
inclinations déréglées de son cœur et de son
corps ; et tous les avis qui lui furent prodi-
gués ne servirent qu'à enflammer davantage
la ferme résolution qu'il avait de servir
Dieu dans la solitude. Bouchard ne put que

l'encourager. Thibaud après lui avoir demandé sa bénédiction prit congé de lui et s'en revint chez son père pour y attendre le temps favorable à l'exécution de son dessein.

Ici encore Thibaud, bien que jeune, montre la sagesse consommée d'un vieillard. Combien d'âmes prévenues des grâces de Dieu n'en retirent que peu ou point de fruits parce qu'elles ne savent pas attendre avec calme le jour et l'heure de la Providence. C'est une lâcheté coupable que de ne pas répondre à l'appel de Dieu, mais c'est une témérité que de vouloir brusquer les choses sans tenir compte des circonstances au milieu desquelles on se trouve. Les saints savent bien que la volonté de Dieu se manifeste souvent par les événements même les plus ordinaires de la vie et s'y soumettent, évitant avec soin la précipitation qui gâte toutes les affaires. Notre saint résolut donc de passer encore quelques années dans la maison paternelle.

Son père Arnoulphe voulant le fixer dans

le monde et établir sa fortune par une grande alliance lui parla de le marier. Les qualités extérieures du jeunehomme et plus encore
les qualités extraordinaires de son esprit et de
son cœur, la noblesse et la fortune de sa famille, tout faisait espérer le plus brillant ma-
riage ; demander la main d'une princesse, ce
n'était pas porter trop haut ses vues. Si le
pieux jeune homme eût voulu partager les
idées de ses parents, il n'aurait eu qu'à lais-
ser agir ceux qui l'entouraient, et il eût été
favorablement accueilli dans les plus illustres maisons. Il aurait sans doute préféré
dans la fiancée qu'on lui destinait les vertus
solides d'une bonne chrétienne aux séduc-
tions de la beauté, de la fortune et de la noblesse; mais son cœur s'était déjà fixé tout
entier dans l'amour de Dieu, et il ne voulait
pas qu'une autre affection même légitime
vint y prendre la plus petite place. Il refusa
toutes les propositions qui lui furent faites.

Dans le même temps se présenta pour Thibaud une occasion de paraître avec avantage
dans le monde. Le métier des armes était

alors fort en honneur. Le père de notre saint, le comte Arnoulphe était le vassal du comte de Blois, Eudes II, à qui la reine Constance femme du roi Robert avait fait donner la ville de Sens. Eudes leva une grande armée pour revendiquer ses droits sur le royaume de la haute Bourgogne contre l'empereur Conrad, dit *le Salique*. Obligé de fournir des troupes à son suzerain, Arnoulphe leva quelques compagnies de soldats. Il voulait en donner le commandement à son fils. Thibaud quoique bien jeune se serait trouvé par ce moyen à la tête de la noblesse de Champagne, mais notre saint déclina cet honneur ; il voulait servir non les rois de la terre, mais le Roi des rois le Souverain Maître de la terre et des cieux ; il voulait remporter non les victoires qui donnent la gloire devant les hommes, mais celles qui méritent les récompenses du ciel.

Pour éviter à l'avenir ces difficultés entre la volonté de son père et ses propres désirs, il songea à mettre à exécution le projet dont il avait parlé au solitaire de la Seine et que ce pieux ermite avait approuvé. Il s'en ouvrit à Gauthier l'un de ses gentilshommes les plus affectionnés et les plus vertueux. Ils quittèrent ensemble le château paternel et se rendirent à la ville de Reims, laissant croire à ses parents qu'il allait se faire recevoir chevalier à la fête prochaine de Pâques, comme on l'en avait pressé plus d'une fois. Tous deux étaient à cheval et suivis chacun d'un écuyer. Mais ayant laissé à l'hôtellerie les serviteurs et les chevaux, ils sortirent à pied de la ville pendant la nuit. Quand le jour fut venu, ils étaient déjà fort éloignés. La richesse de leurs habillements militaires les aurait fait reconnaître ; ils s'empressèrent de les échanger contre les vêtements en lambeaux de deux pauvres pèlerins. Ils arrivèrent avec cet extérieur misérable et nu-pieds à Pitange qu'on croit être un village situé à peu de distance de Luxembourg dans le diocèse de Trèves.

II

Inconnus à tous ceux qui les entouraient, Thibaud et Gauthier se livrèrent pour l'amour de Jésus-Christ à une pauvreté volontaire. Le détachement des biens terrestres a toujours été la condition nécessaire pour être victorieux du démon et de ses attaques continuelles. Le démon ne possède rien dans le monde, il faut donc que nous nous dépouillions aussi de toutes choses pour combattre contre lui ; car celui qui étant habillé lutte contre un autre qui est nu, est facilement jeté par terre parce qu'on peut le prendre par beaucoup d'endroits. Jetez donc vos habits, c'est-à-dire détachez-vous des biens de ce monde, si vous ne voulez pas être vaincu par le démon. Les chrétiens des premiers siècles de l'Eglise étaient remplis de ferveur parce qu'ils se séparaient facilement de leurs richesses. Le zèle ou la tiédeur dans le service de Dieu est toujours en proportion de l'affection que l'on porte aux biens terrestres. Pour être tout à Dieu, le jeune Thibaud et son pieux compagnon renoncent absolument aux honneurs et aux biens qu'ils possédaient. Ils poussent encore plus loin l'imitation du divin maître; ils se font serviteurs et valets, eux qui jusqu'alors avaient toujours commandé et s'étaient vus entourés de serviteurs fidèles et dévoués. Mais rien ne coûte à celui qui aime, et leur cœur était embrasé de l'amour divin. Jésus-Christ a paru en ce monde dans la pauvreté et les humiliations, il est venu, non pour être servi, mais pour servir les autres. Il aura toujours parmi ses disciples des imitateurs zélés qui pour l'amour de Dieu se feront les serviteurs de leurs frères. Thibaud et Gauthier se livrent à des travaux aussi humbles que pénibles. On les voit servir les maçons en portant les pierres et le mortier; d'autres fois ils travaillent chez les cultivateurs en fauchant les prés ou en nettoyant les écuries, et quand ces occupations leur manquent, ils fabriquent du charbon pour les ouvriers. L'argent qu'ils gagnent leur sert à acheter du pain, et c'est ordinairement le seul mets de leur table et la seule provision de leur ermitage. Tant que durent ces provisions, ils passent les jours et les nuits dans la prière et la méditation; se tenant par humilité et par mortification dans des postures gênantes, et souvent la face contre terre. Heureux ceux qui comme Thibaud savent comprendre tout ce qu'il y a de bon et de méritoire dans le travail et les austérités volontaires! A l'exemple de saint Paul, ils traitent rudement leur corps et le tiennent en servitude soumis à l'esprit.

Il y a des personnes qui pratiquent des mortifications, qui non seulement observent avec exactitude celles que l'Église a commandées, mais s'en imposent d'autres en particulier; cela est très-louable et très édifiant. Malheureusement, il arrive parfois à ces personnes de supporter difficilement les peines et les contrariétés de la vie, oubliant que, même lorsque ces peines nous arrivent par la faute de nos frères, nous devons les considérer

comme nous venant de la main de Dieu
Nous trouvons sur ce point un touchant exemple dans la vie de notre saint ; il était occupé dans des vignes avec son compagnon, à
arracher les mauvaises herbes ; Thibaud suc-
combait sous le poids de la fatigue, ne pouvant plus plier ni le dos ni les genoux, a-
yant les mains et les pieds déchirés par les
épines. Le surveillant des ouvriers le presse
impitoyablement et lui perce le dos et les é-
paules de plusieurs coups d'aiguillon afin de
le faire avancer aussi vite que les autres. Gauthier fut très-sensible aux mauvais traite-
ments qu'on faisait à son cher Thibaud ; il
pria avec larmes le gardien d'épargner un
jeune homme qui n'était pas accoutumé au
travail ; il lui promit d'achever après sa tâche
ce que Thibaud aurait laissé : mais ce maître qui n'entendait pas la langue de Gauthier
ne fut pas même touché de ses larmes, et continua à frapper notre jeune Thibaud, qui
souffrit les coups et les blessures avec une patience inébranlable.

***

Il n'en fut pas de même chez tous les maîtres que notre Saint eut l'occasion de servir. Plusieurs remarquèrent la piété et les autres vertus de ce serviteur inconnu, et le traitèrent avec d'autant plus de bienveillance qu'ils s'aperçurent que Dieu bénissait d'une manière particulière les vignes et les champs dans lesquels il avait été occupé et leur faisait produire une récolte plus abondante. Notre Saint qui à l'exemple de Jésus-Christ, ne recherchait que les souffrances et les humiliations, fut contrarié des égards qu'on lui témoignait et pour les éviter il résolut de quitter le pays où il se voyait connu et estimé.

Bouchard, le pieux solitaire d'une île de la Seine, lui avait conseillé de ne pas se retirer dans la solitude avant de s'être bien affermi dans le service de Dieu. Thibaud pensa dans son humilité profonde qu'il n'avait pas fait encore assez de progrès dans l'amour de Dieu pour être un solitaire accompli. Il proposa à Gauthier de faire ensemble un pélerinage à Saint Jacques en Galice.

On ne saurait dire tout ce qu'ils eurent à souffrir en chemin. Ils firent le voyage les pieds nus et sans autre provision qu'un peu d'argent qui leur restait du salaire de leurs travaux. Ils sanctifièrent par la prière les fatigues et les autres incommodités du voyage. Mais c'est en ce lieu de sainteté qu'ils redoublèrent de ferveur et de dévotion. Ils passèrent plusieurs jours et plusieurs nuits dans différents exercices de piété. Les consolations intérieures qu'ils recevaient de Dieu étaient si grandes qu'ils ne se lassaient pas de le remercier, en bénissant le jour où ils avaient quitté le monde pour se consacrer entièrement à son service.

Au retour de ce pèlerinage, le démon à qui les austérités de Thibaud étaient insupportables lui apparut sous une forme humaine, et s'étant couché sur son passage le fit tomber très-rudement ; mais le Saint n'en reçut point de mal, et ayant fait le signe de la croix sur lui et imploré l'assistance de Notre Seigneur, il contraignit ce monstre à disparaître et à se retirer dans les abîmes. En une autre circonstance Dieu lui fit encore connaître sa bonté et sa puissance : en traversant l'Auvergne il n'avait plus aucune ressource et se voyait pressé par la faim et la fatigue lorsque Thibaud trouva un pain qui consola nos pélerins autant qu'il les fortifia.

Saint Thibaud avançait tous les jours dans la perfection. Un jour, il dit à son ami Gauthier qu'il voulait apprendre la lecture et l'écriture, parce que ceux qui savent ces choses sont plus en état de connaître les commandements de Dieu et plus portés à les observer ; il l'engagea donc à lui chercher un maître qui pût l'instruire. Gauthier s'empressa d'obéir et trouva facilement un pauvre clerc qui en peu de temps rendit Thibaud capable de lire couramment les sept psaumes de la pénitence. Il eut alors besoin d'un psautier et l'argent pour l'acheter lui manquait. C'était plusieurs siècles avant l'invention de l'imprimerie ; les livres alors étaient rares et très-coûteux. Gauthier persuada secrètement au maître de notre Saint d'aller à Provins demander à Arnoulphe un psautier. Le clerc ne voulut pas entreprendre ce voyage sans la permission de son saint disciple. Thibaud envoya pour tout présent à son père, à sa mère, à ses amis un pain qu'on lui avait donné par charité dans un monastère. Ses parents s'étant informé de leur fils remercièrent Dieu des grâces qu'il lui faisait et reçurent ce pain comme un don précieux. Leur foi fut bien récompensée, car les personnes malades qui en mangèrent se trouvèrent miraculeusement soulagées.

Le père de saint Thibaud, qui brûlait d'envie de voir son fils vint à Trèves avec le clerc dont nous venons de parler. Ce clerc qui connaissait l'amour de Thibaud pour la retraite, conseilla à Arnoulphe de se tenir à un endroit qu'il lui désigna hors de la ville, parce que le Saint pour se dérober aux importunités de trop nombreux visiteurs y venait souvent faire ses lectures et ses méditations. Pour faciliter encore à Arnoulphe un entretien avec

Thibaud, le clerc engagea ce dernier à l'ac-
compagner hors de la ville sous prétexte de
s'assurer des progrès qu'il avait faits dans la
lecture pendant son absence. Thibaud obéit,
mais il n'eut pas plus tôt aperçu son père avec
ses chevaliers qu'il se hâta de prendre la fuite.
Arnoulphe tout d'abord n'avait pas reconnu
son fils à cause de son extérieur pauvre et
austère. Mais son cœur fut plus clairvoyant
que ses yeux ; il se met à la poursuite du fu-
yard et lui dit en pleurant :

« Ah ! mon cher fils, pourquoi me fuyez-
« vous, et qui fuyez-vous ? C'est un père, et
« non un ennemi. Arrêtez, mon fils, je ne
« veux pas vous détourner de votre sainte ré-
« solution ; je souhaite seulement vous voir
« une fois et m'entretenir avec vous, afin
« de dire à votre mère affligée que j'ai vu ce
« fils tant regretté. »

Arnoulphe était ému et attendri en voyant
les pieds nus et écorchés de son fils. Thibaud
continuait à s'éloigner ; il répondit sans s'ar-
rêter : « Mon seigneur et maitre, allez en

« paix, ne m'inquiétez pas ; et me laissez vi-
« vre en paix avec Jésus-Christ. » — « Vous
« avez, lui répliqua son père, besoin de tout
« et nous avons de grands biens ; si vous
« vouliez recevoir quelque chose pour vous
« ressouvenir de vos parents, on vous le
« donnerait volontiers. » — « Si je reprends,
« dit Thibaud, ce que j'ai une fois abandon-
« né, je ressemblerai au chien qui retourne
« à son vomissement. »

Ayant dit cela, il s'échappa de la vue et de l'entretien de son père. Le fidèle Gauthier resta un peu en arrière pour dire à Arnoulphe de procurer un psautier à Thibaud. Il ajouta qu'il n'avait besoin que de cela. Arnoulphe, dont la tristesse était mêlée de joie parce qu'il avait vu et entretenu son fils, donna volontiers ce qu'on lui demandait.

La conduite de notre Saint paraîtra sans doute bien dure à un grand nombre de lecteurs : mais admirons ici l'esprit de Dieu qui le conduisait. Sans doute Thibaud se sentit profondément ému à la vue de son père qu'il aimait tendrement et dont il savait être vivement affectionné, mais étouffant tous ces sentiments humains, il s'abstint même de lui donner le nom de père. Tous les chrétiens ne sont pas obligés de pratiquer jusqu'à ce degré le détachement des créatures. La religion, aussi bien que le sentiment naturel, nous dit que la piété filiale est une vertu agréable à Dieu et aux hommes.

Lorsque Jésus-Christ pose cette règle de conduite à ses disciples : « Celui qui aime son père et sa mère plus que moi n'est pas digne de moi. » Cela ne veut pas dire que pour suivre Jésus-Christ il soit nécessaire de briser tous les liens naturels d'affection qui nous unissent à nos proches et à nos amis. Mais s'il arrivait qu'une affection même légitime fût pour une âme une occasion prochaine de péché, il n'y aurait pas à hésiter, il faudrait faire à Dieu le sacrifice de cette affection. « Si votre œil vous scandalise, dit Jésus-Christ, arrachez-le et jetez-le loin de vous. » Mais il y a des âmes que Dieu appelle à une plus haute perfection, et l'on verra toujours dans l'Eglise de Jésus-Christ des chrétiens généreux qui, n'ayant d'ambition que pour les biens célestes, renonceront volontiers aux biens de la terre et à toutes les satisfactions même les plus permises que l'on peut rencontrer en ce monde. Telles sont les âmes que Dieu appelle à la vie religieuse; tel fut en particulier le glorieux saint Thibaud. Dieu veut que nous ayons sous les yeux ces exemples de vertu héroïque pour encourager les faibles et les chancelants mais aussi pour condamner les lâches et les prévaricateurs.

III

Afin de n'être plus importuné par ses parents ou ses amis, Thibaud entreprit le voyage de Rome, avec l'intention de passer ensuite en Palestine pour y vénérer les lieux que notre Sauveur a sanctifiés par sa présence et arrosés de ses pleurs et de son sang. Après avoir honoré à Rome les reliques des bienheureux apôtres saint Pierre et saint Paul et visité avec ferveur les basiliques et les autres lieux de dévotion, Thibaud et son fidèle compagnon Gauthier se rendirent à Venise dans le dessein de s'y embarquer et de faire voile vers Jérusalem. Mais lorsqu'ils se croyaient sur le point de partir, ils apprirent avec beaucoup de douleur que la guerre allumée entre les Chrétiens et les Sarrazins fermait l'entrée de la Terre Sainte et rendait ce pélerinage impossible. Ils virent en ce contretemps une permission de la divine Providence et supplièrent le Seigneur de leur faire savoir ce qu'ils devaient faire pour lui être agréables. Leur prière fut exaucée : Dieu leur fit connaître que sa volonté était qu'ils vécussent solitaires comme depuis longtemps ils en avaient le désir. Aussi bien la santé de Gauthier et son âge avancé ne lui permettaient plus les fatigues d'un long voyage.

Nos deux pélerins, en venant de Rome à Venise, avaient remarqué au milieu de grands bois une vieille église en ruine. Ce lieu appelé Salanique leur parut convenable pour l'établissement d'un ermitage. Avec la permission du propriétaire, ils construisirent deux petites cabanes voisines l'une de l'autre. Leur vie fut tout angélique. Thibaud commença à se priver de viande et même de toute espèce de graisse ; ensuite il se contenta de pain d'orge et d'eau ; enfin il se réduisit à ne manger que des herbes et des fruits.

Non content de porter un cilice, il affligeait encore son corps par de rudes disciplines. La nuit n'était pas pour lui un temps de repos, mais une occasion de se soumettre à de nouvelles mortifications, dont Dieu seul savait la rigueur. Il passa cinq années sans se coucher, s'asseyant seulement quelques instants pour prendre un peu de sommeil. Son humilité lui faisait cacher adroitement ses austérités, même à son fidèle serviteur qui chaque soir après avoir prié avec lui le voyait se coucher et prenait soin de le couvrir. Mais aussitôt qu'il s'était retiré, le Saint se levait et continuait à prier Dieu les mains étendues en croix. Lorsqu'il était temps de se lever pour réciter Matines, il se replaçait dans son lit afin qu'on ne s'aperçût pas de sa pénitence. Au reste, son lit était très-dur, c'était un coffre de bois sur lequel il étendait un linge, et un morceau de bois tenait lieu de chevet.

Après deux ans passés dans la solitude de Salanique, il eut la douleur de perdre son compagnon Gauthier, mais il ne se trouva pas absolument seul. Sa réputation de sainteté lui avait attiré des visiteurs jusqu'au milieu de cette forêt où il avait voulu se cacher aux hommes, pour ne converser qu'avec Dieu. Plusieurs disciples s'étaient même attachés à lui et partageaient ses exercices de piété et quelques-unes de ses mortifications ; car Thibaud dont la vie était une privation continuelle permettait à ses disciples une nourriture moins grossière et même un peu de vin. Il exerçait envers ceux qui venaient le voir la charité corporelle et spirituelle : après les avoir entretenus de la parole de Dieu, il leur faisait servir quelques rafraîchissements Dieu, pour l'amour duquel il en usait ainsi, témoigna qu'il avait pour agréables ces actes de charité, car en certaines circonstances, les provisions de l'ermitage se trouvèrent miraculeusement multipliées.

Les épreuves par lesquelles Dieu conduit ordinairement ses élus, et qui sont en même temps un gage de son amour envers eux, se firent sentir à notre saint. Le démon, cet ennemi de tout bien, éprouva plusieurs fois sa patience. Mais la grâce divine accompagnée souvent de prodiges extérieurs lui fit toujours surmonter ses attaques. Saint Thibaud fut aussi, dans le cours de ces années, souvent consolé par les apparitions des anges et des esprits bienheureux. L'église en ruines près de laquelle il s'était fixé, était dédiée aux saints martyrs Fortunat et Hermagore. Ces deux saints dont il avait rétabli l'oratoire, l'honorèrent de leur entretien et le remercièrent du soin qu'il avait de les faire louer et vénérer en ce lieu.

L'éclat de cette vie sainte engagea l'évêque de Vicence, prélat très-vertueux et très-zélé, à élever le pieux ermite aux ordres sacrés, persuadé que lorsqu'il serait prêtre, il contribuerait plus efficacement à la sanctification des âmes. Dieu fit bien voir par les nouveaux miracles du Saint qu'il avait pour agréable la promotion de Thibaud au sacerdoce. Le premier des miracles qu'il fit, après avoir été ordonné prêtre, est la guérison d'un de ses compagnons. Ce religieux nommé Odon était malade depuis longtemps, et lorsqu'il demandait à Thibaud de le guérir, celui-ci lui répondait que Dieu voulait qu'il fût malade. Mais enfin le voyant accablé par la fièvre, il le fit apporter à l'église et offrit le saint sacrifice de la messe pour lui. Le pauvre infirme, après avoir communié de la main de Thibaud, s'en retourna guéri dans sa cellule.

Un prêtre aveugle recouvra la vue en se lavant les yeux avec l'eau qui avait servi à laver les mains de l'humble serviteur de Dieu. Cela se fit en secret, parce que Thibaud n'avait pas voulu avoir égard aux prières de ce prêtre disant que c'était aux saints et non pas à lui qu'il fallait demander sa guérison. Un enfant qui était à l'extrémité, fut tout à coup guéri en mangeant d'une pomme que le Saint avait bénite, après avoir dit la messe des infirmes.

La réputation de saint Thibaud ne pouvait demeurer renfermée dans l'Italie ; elle se répandit jusqu'en France et le bruit en vint aux oreilles d'Arnoulphe son père et de toute sa famille. La joie de ses parents fut grande, en apprenant que leur fils non seulement vivait encore, mais s'était élevé à un haut degré de sainteté. Ils conçurent le plus vif désir de le voir et de l'embrasser. Arnoulphe résolut d'aller à Rome visiter les tombeaux des Apôtres et de voir et d'entretenir en passant son cher Thibaud. Après avoir exécuté ce projet, il revint en Champagne et raconta à son épouse les merveilles dont il avait été l'heureux témoin. L'amour paternel fit entreprendre à Arnoulphe un second voyage en Italie. Cette fois Guillemette accompagna son mari; et même plusieurs gentilshommes nobles de leur parenté les suivirent. On ne saurait exprimer la joie que ressentit Guillemette, lorsqu'elle vit son fils qu'elle avait tant pleuré. Profondément touchée des exemples de sainteté qu'elle avait sous les yeux, elle prit la généreuse résolution de les imiter. Renonçant aux richesses et aux honneurs de sa maison, méprisant tout cet éclat mondain au milieu duquel elle avait toujours vécu, elle se fixa dans un petit ermitage non loin de celui de son fils. Le comte Arnoulphe lui laissa toute liberté de suivre les inspirations de la grâce qui l'appelait à une vie plus parfaite et retourna lui-même en France, pour mettre ordre à ses affaires domestiques. Mais il n'y fut pas longtemps sans revenir à Salanique et ensuite à Rome. Thibaud prit un soin particulier de sa mère, il l'instruisit de tout ce qui était nécessaire pour sa perfection. Jusqu'à sa mort, jamais ni le froid, ni le chaud, ni la pluie, ni la neige ne purent l'empêcher de lui rendre les visites dont elle avait besoin pour la fortifier dans un genre de vie si différent de celui qu'elle avait mené dans le monde.

IV

Le temps de couronner les mérites de saint Thibaud approchait ; Dieu voulut purifier encore sa vertu par de nouvelles épreuves. Les tentations de la part du démon ou de la chair rebelle ne se firent point sentir pendant les deux années qui précédèrent sa mort ; mais son corps fut pendant ce temps-là si rempli d'ulcères que sa patience trouva un exercice aussi dur qu'assidu pour supporter généreusement tant d'incommodités corporelles. Pas un de ses membres n'était intact ; ses pieds étaient si faibles que parfois ils ne pouvaient le soutenir ; ses mains étaient si percluses qu'il ne pouvait les approcher de sa bouche. Cependant il ne relâcha jamais rien de toutes ses austérités. Dieu lui continua aussi le don des miracles. De toutes parts on venait demander le secours de ses prières. L'évêque de Modène le sollicita particulièrement à l'occasion de discordes scandaleuses qui avaient éclaté dans son diocèse. Il lui députa sa propre sœur pour le conjurer d'intercéder près de Dieu. Le saint après avoir offert deux fois le saint Sacrifice de la Messe à cette intention assura la sœur du prélat qu'elle pouvait s'en retourner et dire à son frère de se tranquilliser.

Les douleurs de notre saint augmentaient de jour en jour ; Dieu le consola en lui faisant savoir que bientôt il serait délivré des liens de son corps. Il y avait douze ans que Thibaud avait quitté ses parents, son pays et sa fortune quand Dieu l'appela à la céleste patrie. Il avait employé trois ans à divers pélerinages et en avait passé neuf dans la solitude.

Se voyant près de sa fin il envoya prier Pierre, abbé d'un couvent de Camaldules à Vicence, de venir le voir. Pierre était un de ses fidèles amis ; c'est de ses mains qu'il avait reçu l'habit monastique. Il lui recommanda sa mère et ses disciples et lui confia le soin de tout son ermitage. Thibaud entra ensuite dans une longue et cruelle agonie où il souffrit beaucoup ; mais en étant sorti victorieux il reçut des mains de l'abbé Pierre la sainte Communion en viatique avec beaucoup de ferveur et de dévotion. Enfin après avoir répété plusieurs fois ces paroles pleines de charité : *Seigneur, ayez pitié de votre peuple,* il rendit à Dieu son âme toute chargée de mérites pour la bienheureuse éternité Sa mort arriva le soir du 30 Juin 1066. Cependant sa fête, dans les lieux où elle se célèbre, ne se fait que le 1er ou même le 3 Juillet.

Son corps après son décès parut tout autre qu'il n'était pendant sa vie. Son visage parut avec l'éclat d'une personne ressuscitée. Les plaies et les ulcères ne laissèrent aucune trace, et la beauté dont resplendit alors sa dépouille mortelle fut pour tous les heureux témoins de sa sainte mort un indice du bonheur et de la gloire dont son âme jouissait dans le Ciel.

Sa sépulture se fit au milieu d'un concours immense de prêtres et de fidèles. Il fut enterré dans la cathédrale de Vicence. Mais peu d'années après, une notable partie de ses ossements fut rapportée en France par son frère Arnoulphe, abbé de Lagny. Les miracles qui s'opérèrent dans les différents sanctuaires où ses reliques furent déposées ont rendu son culte populaire en France. Le nom et l'office de notre Saint se trouvaient dans les anciens bréviaires d'Autun, de Toul, d'Angers, d'Amiens, de Paris, de Meaux, de Sens, de Langres, de Dijon, etc.

Sept villages en France portent le nom de saint Thibaud plus ou moins altéré, et tous paraissent l'avoir pris en souvenir du saint dont on vient de lire la vie. Nous ne citerons que Saint-Thiébaud au canton de Bourmont, dans le diocèse de Langres. Saint Thibaud est le patron de ce village aussi bien que de Champigneulles et de Clefmont. Chambroncourt autre paroisse du même diocèse est dans le même cas, et de plus possède une chapelle de saint Thibaud au sud du village. Enfin il y a, toujours dans le diocèse de Langres, une paroisse qui, sans avoir saint Thibaud pour patron, possède une Confrérie très nombreuse sur laquelle nous allons donner une courte notice :

CONFRÉRIE DE St-THIBAUD

ÉRIGÉE
en l'Eglise de Prauthoy
(Haute-Marne).

Cette Confrérie a été érigée par une bulle de Clément XI, en date du 15 Janvier 1700. Après la révolution française, les choses furent rétablies comme auparavant par les lettres apostoliques du pape Léon XII, en date du 12 Juin 1827.

Il est accordé à tous les Associés de la Confrérie de saint Thibaud :

1o Une indulgence plénière le jour de leur admission, pourvu que, vraiment pénitents et confessés, ils reçoivent la sainte Eucharistie.

2o Une indulgence plénière, à l'article de la mort, pourvu qu'ils soient disposés comme il est dit ci-dessus, ou que du moins ils invoquent de cœur, s'ils ne peuvent le faire de bouche, le saint nom de Jésus.

3o Une indulgence plénière, aux Confrères qui se sont confessés et ont communié, et qui visiteront l'église ou la chapelle de saint Thibaud, le jour de la fête patronale, 3 Juillet, et prieront aux intentions du Souverain Pontife.

4° Une indulgence de sept ans et sept quarantaines, aux mêmes conditions, les jours de la Sainte-Trinité, de la Nativité, de la Conception et de la Purification de la très-sainte Vierge.

5° Indulgence de soixante jours, chaque fois qu'un Confrère, au moins contrit de cœur, fait une bonne œuvre, comme donner l'aumône, instruire les ignorants, visiter les malades, etc.

Toutes ces indulgences sont applicables aux âmes du Purgatoire.

Toutes les messes qui se disent pour les Confrères défunts, en quelque église que ce soit, jouissent des mêmes avantages que si elles étaient célébrées sur un autel privilégié.

L'organisation de la Confrérie de saint Thibaud en l'église de Prauthoy permet de procurer aux Associés d'autres avantages également très-précieux. Chaque année, le 3 Juillet, la fête est célébrée avec beaucoup de solennité ; il y a prédication aux premières et aux secondes Vêpres ainsi qu'à la grand'Messe qui est dite pour tous les Associés vivants. Le lendemain un Service est chanté pour les Associés défunts. Chaque mois un Service est encore chanté à la même intention. Chaque dimanche après Vêpres, devant l'autel de saint Thibaud, est chanté un *Libera* suivi de l'Oraison *Deus veniæ largitor*. Enfin un Service particulier est célébré pour chaque Associé défunt au premier jour libre qui suit son décès.

Les ressources de la Confrérie se composent : 1o d'une offrande de 1 fr. 50 que fait chaque associé nouveau lorsqu'il demande à être inscrit ; 2o d'une redevance annuelle de 25 centimes, que l'on peut racheter en donnant 5 fr. une fois pour toutes ; 3o de dons volontaires.

Dans un siècle comme le nôtre où l'on voit tant de gens plus empressés à jouir d'une succession qu'à faire prier pour ceux qui la laissent, il n'est pas inutile de s'associer à des Confréries qui, comme celle de saint Thibaud, à Prauthoy, font gagner des indulgences pendant la vie et assurent des prières après la mort.

Langres, imprimerie de Dejussieu.

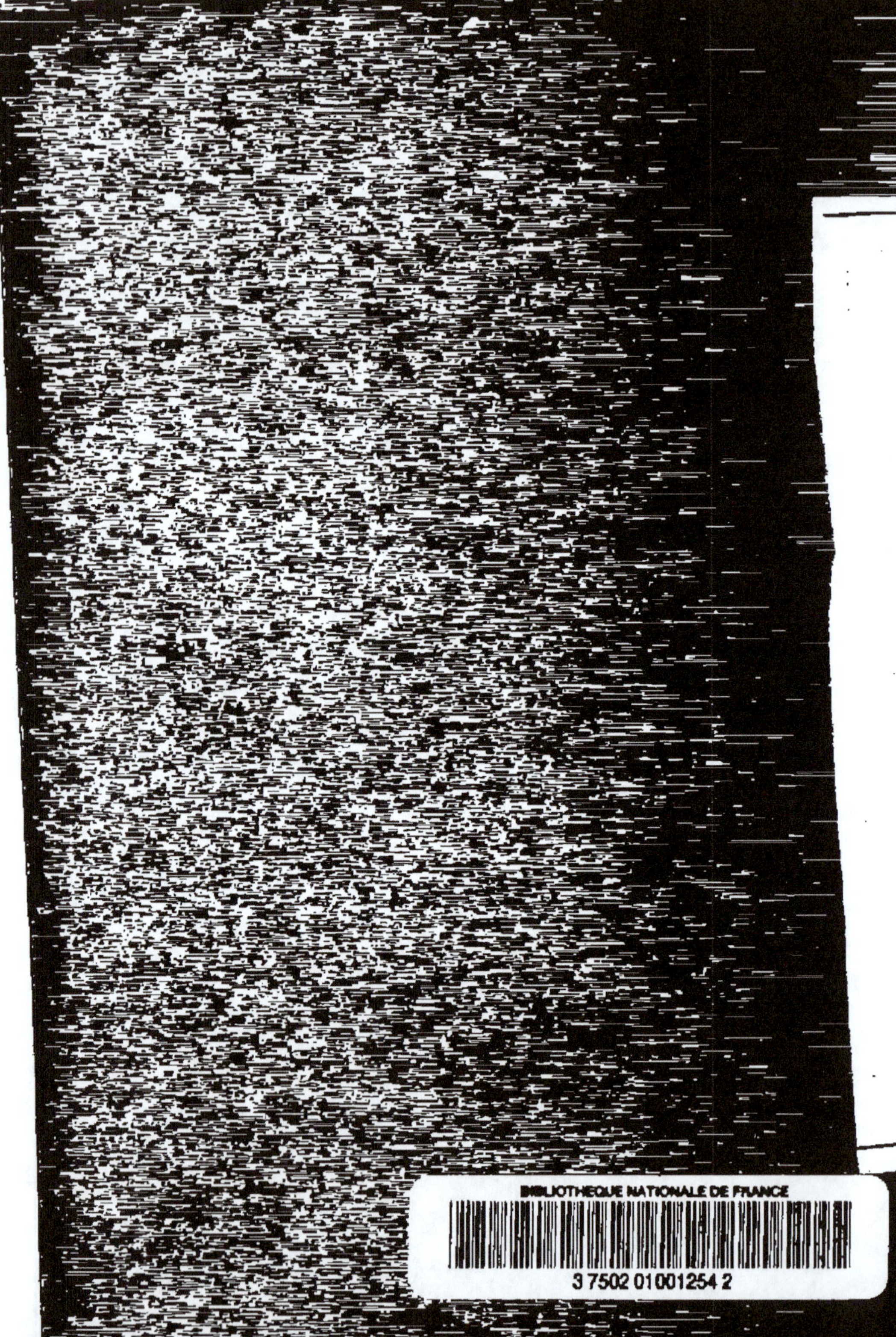

www.ingramcontent.com/pod-product-compliance
Lightning Source LLC
Chambersburg PA
CBHW061328060726
47596CB00003B/1147